천수경 과해

나는 왜 사는가

태안당 준수 과해

화장찰해 선 불 장

序

왜 사는가?

願我常聞 佛法僧

願我恒隨 諸佛學

- 경문 72쪽 -

부처님 공부 하려고 산다.

무엇으로 사는가?

我昔所造 諸惡業

從身口意 之所生

- 경문 50쪽 -

신,구,의 세 가지 업으로 산다.

어떻게 살 것인가?

願我速斷 貪瞋癡

願我勤修 戒定慧

- 경문 71, 72쪽 -

탐,진,치 세 가지 독소를 멀리하고

계,정,혜 세 가지 학문을 닦으며 산다.

행복은 언제나 자신의 선택에 있다.

듣고, 보고, 읽고, 쓰고, 그리고 행복하라.

천수천안관자재보살광대원만무애대비심대다라니

목 차

경명을 풀다

『천수경 과해』란 『천수경』은 금강경 반야심경과 함께 한국불교의 대표 경전이고, 과해라는 말은 긴 문장을 이해하기 쉽도록 과목을 내고 간략히 해석하였다는 말이다.

『천수경』은 원래 『천수천안 관자재보살 광대원만 무애대비심 대다라니』라는 긴 이름을 줄인 경명이다.

불교 경전의 이름은 그 경전의 내용을 전체적으로 담고 있어 매우 중요하다.
경의 긴 경명을 풀어 보면 천수경이 어떤 경전인가를 알 수 있다.

1). 「千手千眼」은 '천 개의 손, 천 개의 눈'으로 관자재보살의 전능을 말한다.
2). 「觀自在菩薩」은 천수경의 주불이며, 달리 '관세음보살'이라 하며, 줄여서 '관음보살'이라 한다.

'관자재보살'은 지혜를 강조한 명칭이고 '관세음보살'은 자비를 강조한 명칭이나, 지혜와 자비와 원력을 두루 갖추고 있다. '관자재보살' 또는 '관세음보살'은 대자대비의 상징이다. 앞의 천 개의 손은 자비를, 천 개의 눈은 지혜를 말하는 것이다.

경문에 '천비장엄'은 자비인 천 개의 손을 말하고, '천안광명'은 지혜인 천 개의 눈을 말한다.

3). 「廣大, 圓滿, 無礙」는 마음의 세 가지 측면을 말한 것으로 '광대'는 마음의 광대한 본체를, '원만'은 마음의 원만한 공덕상을, '무애'는 마음의 걸림 없는 작용을 말한다.

다시 '광대'는 관음보살의 본체와 공덕과 작용이 넓고 크다는 말이고, '원만'은 관음보살의 자비와 지혜와 원력이 부족하거나 결함이 없이 둥글고 충만하다는 말이다.

마지막 '무애'는 관음보살의 본체와 공덕과 작용이 걸림 없이 자유자재하다는 말이니 관음보살만 그런 것이 아니라 불자의 자비와 지혜 그리고 원력 나아가 그 마음이 광대하고 원만하며 걸림 없는 덕상과 능력을 가지고 있다.

4). 「大悲心」은 관세음보살의 광대하고 원만하며 걸림이 없는 대비하신 마음이다.

5). 「大陀羅尼」는 천수천안으로 전능하신 관자재보살의 광대하고 원만하고 걸림이 없는 대비심으로 중생을 위하여 설해진 큰 다라니라는 말이다.

「다라니」는 진언 또는 주문을 말하는데 여기에 큰 대를 더해서 작은 다라니가 아니라 큰 다라니라는 것이다.

『천수경』은「신묘장구 대다라니」를 중심으로 편찬되어 관음 신앙의 중요한 경전으로 경명의 '대다라니'는 바로 신묘장구 대다라니를 말한다.

위 경명에서 첫 두 글자인 '千手'를 따고 마지막 '다라니'를 경으로 보아 '천수다라니' 또는 '천수다라니경'이라 하며 줄여서『천수경』이라 한다.

『천수경』을 먼저 총 12장으로 나누고 그 안에 다시 작은 과목을 두어 내용을 쉽게 이해하도록 하였다.

『천수경』은 크게「천수다라니」「참회진언」「준제진언」을 모아 하나의 독송본을 이루었다. 진언을 제외하면 모두 발원문이다.

발원문은 다시 사홍서원으로 모이는데, 따라서 여러 형태의 발원을 사홍서원으로 과목하였다.

불교에서 말하는 기도는 단순히 바라는 마음에서가 아니라 기도하는 그 마음으로 공부가 되도록 하는 것을 말한다.

『천수경』을 수지독송하면서 기도와 공부를 같이 하라는 것이다. 먼저 우리말 천수경으로 백일 독송기도를 올리고, 다음으로 한문 천수경 독송 백일기도를 올린다.

나아가 백일 사경기도를 반복적으로 올리면서 공부와 기도와 공덕과 영험을 함께 성취해 가는 것이다.

내가 바라는 부처님의 가피와 영험은 부처님 쪽에 있는 것이 아니라 기도를 반복적으로 올리는 이의 마음 쪽에 있다는 것을 명심하고 정진하면 경문에서 '所願從心 悉圓滿'이라 했듯이 반드시 크신 가피가 있을 것이니 이것이 불자의 진정한 행복일 것이다.

불교에서 말하는 기도는 단순히 바라는 마음에서가 아니라 기도하는 그 마음으로 공부가 되도록 하는 것을 말한다.

천수경을 수지독송하면서 기도와 공부를 같이 하라는 것이다. 먼저 우리말 천수경으로 매일 독송기도를 올리고, 다음으로 한문 천수경 독송 매일기도를 올린다.

나아가 매일 사경기도를 반복적으로 올리면서 공부와 기도와 공덕과 영험을 함께 성취해 가는 것이다.

내가 바라는 부처님의 가피와 영험은 부처님 주위에 있는 것이 아니라 기도를 반복적으로 올리는 이의 마음 주위에 있다는 것을 명심하고 정진하면 경문에서 '所願從心悉圓滿'이라 했듯이 반드시 그런 가피가 있을 것이니 이것이 불자의 진정한 행복일 것이다.

제1강 開經偈

'개경게'는 부처님 말씀인 경전을 열면서 올리는 것으로 모든 경전 독송에 앞서 올리는 의례 속의 의식이다.

① 먼저 '口業'을 말하는 진언이다. 사람은 몸으로 행동을 하고 입으로 말을 하고 마음으로 생각을 하면서 산다. 이것을 '身, 口, 意' 삼업이라 한다.

세상사 모든 일이 구업으로 시작해서 구업으로 끝난다는 사실을 알아야 한다. 살면서 가장 중요한 것이 말이다. 말은 행복과 기쁨을 여는 열쇠이며, 세상과 사람의 마음을 움직이게 하는 첫 번째 키워드가 바로 말이다.

② '五方'은 사방에 중앙 방위를 말하고 '內外'는 안과 밖을 말하는 것이니 온 세상을 말한다. '安慰'는 위안하고 지의 위안을 얻게 하도록 한 것이다.

'諸神'은 모든 신이고 '眞言'은 불교 의식을 행하면서 올리는 주문이다.

제1강 開經章

「개경장」은 부처님 말씀인 경전을 열면서 올리는 것으로 모든 경전 독송에 앞서 올리는 의례적인 의식이다.

① 먼저 '口業' 을 맑히는 진언이다. 나는 몸으로 행동을 하고 입으로 말을 하고 마음으로 생각을 하면서 산다. 이 것을 '身, 口, 意' 삼업이라 한다.
세상사 모든 일이 구업으로 시작해서 구업으로 끝난다는 사실을 알아야 한다. 살면서 가장 중요한 것이 말이다. 말은 천당과 지옥을 여는 열쇠이며, 세상과 사람의 마음을 움직이게 하는 첫 번째 키워드가 바로 말이다.

② '五方'은 사방에 중앙 방위를 말하고 '內外'는 안과 밖을 말하는 것이니 온 시방을 말한다. '安慰'는 위안잔치의 위안을 안위라고 한 것이다.
'諸神'은 모든 신이고 '眞言'은 불교 의식을 행하면서 올리는 주문이다.

여기서 말하는 '諸神'이란 '신중단'에 모신 화엄성중으로 여기에는 마음으로 만들어낸 세상 모든 신이 다 포함되어 있다.

③ '개경송'은 만나기 어려운 부처님 법을 다행히 만나 보고 듣고 받아 지니게 되었으니 어서 부처님의 진실한 뜻을 알게 되었으면 얼마나 좋을까? 라고 부처님께 발원을 올린다.

④ 이제 본격적으로 '法藏'을 여는[開] '眞言'이다. '眞言'은 불교의식에 있어서 종교적인 의미를 가장 잘 나타내는 말이다. 眞言을 외움으로 앞의 전제한 모든 일이 이루어지는 것이다.

'法藏'은 부처님 가르침의 보물 창고이다. 이 창고는 시간과 공간을 초월한 어떤 형태도 없는 無上하고 甚深한 곳집을 말한다.

여기서 말하는 '眞言'이란, 신중단에 모신 화엄성중으로 여기에는 마음으로 만들어낸 세상 모든 신이 다 포함되어 있다.

③ '가영송'은 만나기 어려운 부처님 법을 다행히 만나 보고 듣고 받아 지니게 되었으니 여기 그 깨달음의 진실한 뜻을 알게 되었으면 얼마나 좋을까? 라고 부처님께 발원을 올린다.

④ 이제 본격적으로 '法藏'을 여는[開] '眞言'이다. '眞言'은 불교의식에 있어서 종교적인 의미를 가장 잘 나타내는 말이다. 眞言을 외움으로 앞의 정제한 모든 일이 이루어지는 것이다.

'法藏'은 부처님 가르침의 보물 창고이다. 이 창고는 시간과 공간을 초월한 어떤 형태도 없는 無上하고 甚深한 것임을 말한다.

淨口業眞言
입으로 지은 업을 맑게 하는 진언이라

「수리수리 마하수리 수수리 사바하」

보통 진언을 염송할 때는 3번씩 독송을 하게 되는데, 본회에서는 진언마다 3번이라고 따로 표기하지 않았다.

진언을 염송할 때, 꼭 3번이라고 정해진 숫자가 있는 것은 아니다. 예를 들어 신묘장구대다라니, 광명진언, 준제진언 같은 경우 108번 또는 장소와 시간에 따라 기도를 봉행하는 불자가 알맞게 하면 되는 것이다.

이 진언만 독송하고 정해진 것은 아무것도 없다. 다만 사람이 정해놓고 수행자의 살 뿐이다, 부디 열린 마음으로 사랑과 자비 실천을 염원하는 바이다.

淨口業眞言
구업으로 지은업을 맑게하는 진언이라

『수리수리 마하수리 수수리 사바하』

보통 진언을 염송할 때는 3번씩 독송을 하게 되는데, '본과해'에서는 진언마다 '3번'이라고 따로 표기하지 않았다.

진언을 염송할 때, 꼭 3번이라고 정해진 숫자가 있는 것은 아니다. 예를 들어 신묘장구대라니, 참회진언, 준제진언 같은 경우 108번 또는 장소와 시간에 따라 기도를 봉행하는 불자가 알맞게 하면 되는 것이다.

사실 진리란 꼭하고 정해진 것은 아무것도 없다. 다만 사람이 정해놓고 속박되어 살 뿐이다. 부디 열린 마음으로 자발적 삶을 살기를 축원하는 바이다.

五方內外 安慰諸神 眞言
오방내외 모든신을 안위하는 진언이라

『나무 사만다 못다남 옴 도로도로
지미 사바하』

淨口業	[맑힐 정, 입 구, 업 업]
眞言	[참 진, 말 언]
五方內外	[다섯 오, 방위 방, 안 내, 밖 외]
安慰諸神	[편안 안, 위안할 위, 모두 제, 신 신]
眞言	[진실할 진, 말씀 언]

③ 경을 여는 송

無上甚深 微妙法
百千萬劫 難遭遇
가장높고 심히깊은 부처님의 미묘법문
백천만겁 지나도록 만나기란 어려워라

我今聞見 得受持
願解如來 眞實意
제가이제 다행히도 듣고보고 지니오니
부처님의 진리말씀 어서알게 하사이다

無上甚深	[없을 무, 위 상, 매우 심, 깊을 심]
微妙法	[미묘할 미,묘, 법 법]
百千萬劫	[일백 백, 일천 천, 일만 만, 겁 겁]
難遭遇	[어려울 난, 만날 조, 만날 우]

我今聞見	[나 아, 이제 금, 들을 문, 볼 견]
得受持	[얻을 득, 받을 수, 지닐 지]
願解如來	[원할 원, 알 해, 부처님 여,래]
眞實意	[진실할 진,실, 뜻 의]

開法藏眞言

팔만장경 대법문을 바로여는 진언이라

『옴 아라 남 아라다』

開法藏 [열 개, 법 법, 창고 장]

眞言 [진실할 진, 말씀 언]

제2강 千手千眼章

「천수천안장」은 천수경의 이름과 천수경의 주이신 관음보살과 천수경의 공덕과 제자인 나의 발원을 내용으로 4개의 게송이 있다.

① 천수경의 긴 이름으로 광대하고 원만하며 걸림 없는 관음보살의 자비와 지혜, 원력이 담긴 경전을 이제 송하노라 선언하는 것이다.
② 천수경의 주이신 관음보살의 크고 깊은 원력과 32상, 80종호의 거룩하신 몸매에 관한 게송이다.

③ 관음보살께서 크고 넓은 원력으로 자비심을 내어 중생의 원을 들어주고 업장을 소멸한다는 내용이다.
④ 세 번째 게송은 천수경을 수지한 이의 몸은 광명이고, 마음은 신통장이라는 내용이다.
⑤ 마지막 게송은 천수경을 수지한 이의 발원과 관음보살의 공덕을 칭송하겠노라는 다짐으로 이루어졌다.

① 경의 이름

千手千眼 觀自在菩薩
廣大圓滿 無礙大悲心
천수천안 관음보살 자재하신 신통묘용
광대하고 원만하며 걸림없는 대비심의

大陀羅尼 啓請
다라니의 무진법문 마음열어 지니오며
저희등이 이제모두 일념으로 청합니다

千手千眼 [일천 천, 손 수, 일천 천, 눈 안]
觀自在菩薩 [관자재보살]

廣大圓滿 [넓을 광, 큰 대, 원만할 원, 찰 만]
無礙大悲心 [없을 무, 걸릴 애, 대,비,심]

大陀羅尼 [큰 대, 다,라,니]
啓請 [열 계, 청할 청]

稽首觀音 大悲主
願力弘深 相好身
관음보살 대비주를 마음모아 염하오니
원력깊은 자비원력 상호로운 거룩해라

千臂莊嚴 普護持
千眼光明 遍觀照
일천팔로 장엄하사 온중생을 거두시고
일천눈의 광명으로 온세상을 살피시네

稽首觀音 [조아릴 계, 머리 수, 보살이름 관,음]
大悲主 [큰 대, 자비 비, 주님 주]
願力弘深 [원할 원, 힘 력, 넓을 홍, 깊을 심]
相好身 [32상 상, 80종호 호, 몸 신]

千臂莊嚴 [일천 천, 팔 비, 꾸밀 장, 장엄할 엄]
普護持 [넓을 보, 보호할 호, 가질 지]
千眼光明 [일천 천, 눈 안, 빛 광, 밝을 명]
遍觀照 [두루할 편, 볼 관, 비출 조]

② 원력이 크고 깊다

稽首觀音 大悲主
願力弘深 相好身
관음보살 대비주를 마음모아 염하오니
넓고깊은 자비원력 상호또한 거룩해라

千臂莊嚴 普護持
千眼光明 遍觀照
일천팔로 장엄하사 온중생을 거두시고
일천눈의 광명으로 온세상을 살피시네

稽首觀音	[조아릴 계, 머리 수, 보살이름 관,음]
大悲主	[큰 대, 자비 비, 주님 주]
願力弘深	[원할 원, 힘 력, 넓을 홍, 깊을 심]
相好身	[32상 상, 80종호 호, 몸 신]

千臂莊嚴	[일천 천, 팔 비, 꾸밀 장, 장엄할 엄]
普護持	[넓을 보, 보호할 호, 지킬 지]
千眼光明	[일천 천, 눈 안, 빛 광, 밝을 명]
遍觀照	[두루할 변, 볼 관, 비출 조]

眞實語中 宣密義
無爲心內 起悲心
참된말씀 베푸시어 해탈의길 보이시고
조건없는 자비한맘 어느때나 일으키사

速令滿足 諸希求
永使滅除 諸罪業
저희들이 구하는일 속히만족 하여지고
지난죄업 소멸하여 청정하게 하사이다

眞實語中 [참 진, 진실할 실, 말 어, 가운데 중]
宣密意 [베풀 선, 비밀 밀, 뜻 의]
無爲心內 [없을 무, 할 위, 마음 심, 안 내]
起悲心 [일으킬 기, 자비 비, 마음 심]

速令滿足 [빠를 속, 하여금 영, 만족할 만,족]
諸希求 [모두 제, 바랄 희, 구할 구]
永使滅除 [길 영, 하여금 사, 멸할 멸, 제할 제]
諸罪業 [모두 제, 죄 죄, 업 업]

④ 마음이 신통이다

天龍衆聖 同慈護
百千三昧 頓熏修
하늘과용 성중님네 자비로써 보살피사
백천가지 온갖삼매 모두같이 이루오며

受持身是 光明幢
受持心是 神通藏
정법지닌 이내몸은 진리광명 깃발이요
이법지닌 저희마음 신통력의 근원이라

天龍衆聖 [하늘 천, 용 용, 많을 중, 성인 성]
同慈護 [한가지 동, 자비 자, 보호할 호]
百千三昧 [일백 백, 일천 천, 석 삼, 삼매 매]
頓熏修 [몰록 돈, 익힐 훈, 닦을 수]

受持身是 [받을 수, 지닐 지, 몸 신, 바로 시]
光明幢 [빛 광, 밝을 명, 깃대 당]
受持心是 [받을 수, 지닐 지, 마음 심, 바로 시]
神通藏 [신통할 신, 통할 통, 화수분 장]

⑤ 칭송하고 귀의하다

洗滌塵勞 願濟海
超證菩提 方便門
번뇌티끌 씻어내고 고해바다 어서건너
깨달음의 바른길을 속히얻게 하사오며

我今稱誦 誓歸依
所願從心 悉圓滿
제가이제 칭송하며 귀의하길 원하오니
바라는일 마음따라 원만성취 하사이다

洗滌塵勞	[씻을 세, 씻을 척, 먼지 진, 피로 로]
願濟海	[원할 원, 건널 제, 바다 해]
超證菩提	[초월할 초, 증득할 증, 깨달음 보,리]
方便門	[방편 방,편, 문 문]

我今稱誦	[나 아, 지금 금, 칭송할 칭, 외울 송]
誓歸依	[맹서할 서, 돌아올 귀, 의지할 의]
所願從心	[바 소, 원할 원, 좇을 종, 마음 심]
悉圓滿	[다 실, 원만할 원, 가득찰 만]

諸佛塵勞 願濟海
超證菩提 方便門
번뇌티끌 씻어내고 고해바다 이겨건너
깨달음의 바른길을 증하옵게 하시오며

我今稱誦 誓歸依
所願從心 悉圓滿
제가이제 칭송하며 귀의하길 원하오니
바라는일 마음따라 원만성취 하사이다

諸佛塵勞 [모든 제, 부처 불, 티끌 진, 피로 로]
願濟海 [원할 원, 건널 제, 바다 해]
超證菩提 [초월할 초, 증득할 증, 깨달음 보,리]
方便門 [방편 방,편, 문 문]

我今稱誦 [나 아, 지금 금, 칭송할 칭, 외울 송]
誓歸依 [맹세할 서, 돌아올 귀, 의지할 의]
所願從心 [바 소, 원할 원, 좇을 종, 마음 심]
悉圓滿 [다 실, 원만할 원, 가득할 만]

제3강 十願章

「십원장」은 관음보살의 열 가지 본래의 서원을 담고 있다. 관음보살의 서원이라지만 천수 행자의 서원이기도 하다.

① 지혜의 눈을 얻기 위해서는 일체법을 먼저 잘 알아야 한다.
② 중생을 제도하기 위해서는 먼저 좋은 방편을 얻어야 한다.
③ 고해를 건너기 위해서는 반야의 배에 어서 타야 한다.
④ 원적산에 오르려면 어서 계정의 도를 얻어야 한다.
⑤ 어서 무위의 집을 만나고 법성의 몸과 빨리 같게 되기를 서원하는 것이다.

먼저 자기를 개발하고 중생을 제도해서 결국에는 중생과 내가 최종의 깨달음을 얻어 진리의 몸을 회복하는 내용이다.

南無大悲 觀世音
願我速知 一切法
자비하신 관음보살 마음모아 염하오니
세상이치 밝은법을 어서알게 하사오며

南無大悲 觀世音
願我早得 智慧眼
자비하신 관세음께 지성귀의 하옵나니
밝고밝은 지혜의눈 속히얻게 하사이다

南無大悲	[나무, 대비]
觀世音	[관세음]
願我速知	[원할 원, 나 아, 빠를 속, 알 지]
一切法	[한 일, 모두 체, 법 법]

南無大悲	[나무, 대비]
觀世音	[관세음]
願我早得	[원할 원, 나 아, 일찍 조, 얻을 득]
智慧眼	[슬기로울 지, 지혜로울 혜, 눈 안]

② 중생을 건지오리다

南無大悲 觀世音
願我速度 一切衆
자비하신 관음보살 마음모아 염하오니
일체중생 인연따라 제도하게 하사오며

南無大悲 觀世音
願我早得 善方便
자비하신 관세음께 지성귀의 하옵나니
중생위한 선교방편 속히얻게 하사이다

南無大悲	[나무, 대비]
觀世音	[관세음]
願我速度	[원할 원, 나 아, 빠를 속, 건질 도]
一切衆	[한 일, 모두 체, 중생 중]

南無大悲	[나무, 대비]
觀世音	[관세음]
願我早得	[원할 원, 나 아, 일찍 조, 얻을 득]
善方便	[좋을 선, 방편 방, 편]

③ 고해를 건너오리다

南無大悲 觀世音
願我速乘 般若船
자비하신 관음보살 마음모아 염하오니
열반언덕 반야의배 속히타게 하사오며

南無大悲 觀世音
願我早得 越苦海
자비하신 관세음께 지성귀의 하옵나니
생사윤회 고통바다 어서넘게 하사이다

南無大悲 [나무, 대비]
觀世音 [관세음]
願我速乘 [원할 원, 나 아, 빠를 속, 탈 승]
般若船 [반야 반,야, 배 선]

南無大悲 [나무, 대비]
觀世音 [관세음]
願我早得 [원할 원, 나 아, 일찍 조, 얻을 득]
越苦海 [초월할 월, 쓸 고, 바다 해]

④ 번뇌를 끊으오리다

南無大悲 觀世音
願我速得 戒定道
자비하신 관음보살 마음모아 염하오니
해탈의길 계정도를 속히얻게 하사오며

南無大悲 觀世音
願我早登 圓寂山
자비하신 관세음께 지성귀의 하옵나니
번뇌없는 원적산에 속히올라 이르오며

南無大悲	[나무, 대비]
觀世音	[관세음]
願我速得	[원할 원, 나 아, 빠를 속, 얻을 득]
戒定道	[계율 계, 선정 정, 도 도]

南無大悲	[나무, 대비]
觀世音	[관세음]
願我早登	[원할 원, 나 아, 일찍 조, 오를 등]
圓寂山	[원만할 원, 고요할 적, 뫼 산]

⑤ 불도를 이루오리다

南無大悲 觀世音
願我速會 無爲舍
자비하신 관음보살 마음모아 염하오니
깨달음의 대광명을 어서만나 이루오며

南無大悲 觀世音
願我早同 法性身
자비하신 관세음께 지성귀의 하옵나니
부처님의 법성신과 속히같게 하사이다

南無大悲 [나무, 대비]
觀世音 [관세음]
願我速會 [원할 원, 나 아, 빠를 속, 만날 회]
無爲舍 [없을 무, 할 위, 집 사]

南無大悲 [나무, 대비]
觀世音 [관세음]
願我早同 [원할 원, 나 아, 일찍 조, 같을 동]
法性身 [법 법, 본성 성, 몸 신]

제4강 六向章

「육향장」 역시 관음보살의 본원으로 向이 여섯 개 있어서 육향장이라 한 것이다.

심리의 여섯 갈래인 육도에서 천상, 인간을 제외한 四惡途에 들게 될 때 나무관세음보살 명호를 일심칭명하면 해탈을 얻게 된다.

① 도산은 칼날이 솟아있는 모양으로 흔히 바늘방석에 앉아 있는 듯 마음이 불안한 상태를 말한다.

② 화탕은 가슴에 불이 난 듯 몸이 심하게 불편한 상태이다.

③ 지옥은 분노로 인하여 몸과 마음이 모두 평안하지 못하는 상황을 말한다 할 것이다.

④ 아귀는 지나친 탐욕으로 인하여 채워지지 않은 심리의 상태이다.

⑤ 수라는 난폭한 심리 상태를 말한다.

⑥ 축생은 무지로 인하여 자각 없이 본능적으로 사는 삶을 말한다 하겠다.

我若向刀山
刀山自摧折
칼산지옥 제가가면 연꽃으로 피어나고

我若向火湯
火湯自消滅
화탕지옥 제가가면 감로수로 변해지며

我若向 [나 아, 만약 약, 향할 향]
刀山 [칼 도, 산 산]
刀山 [칼 도, 산 산]
自摧折 [절로 자, 꺾을 최, 끊을 절]

我若向 [나 아, 만약 약, 향할 향]
火湯 [불 화, 끓을 탕]
火湯 [불 화, 끓을 탕]
自消滅 [저절로 자, 끌 소, 없어질 멸]

② 악도에 가더라도

我若向地獄
地獄自枯渴
어느지옥 가더라도 안락정토 이루오며

我若向餓鬼
餓鬼自飽滿
아귀계에 제가가면 아귀절로 배부르고

我若向	[나 아, 만약 약, 향할 향]
地獄	[지하 지, 집 옥]
地獄	[지하 지, 집 옥]
自枯渴	[스스로 자, 마를 고, 고갈 갈]

我若向	[나 아, 만약 약, 향할 향]
餓鬼	[굶주릴 아, 귀신 귀]
餓鬼	[굶주릴 아, 귀신 귀]
自飽滿	[저절로 자, 배부를 포, 가득할 만]

我若向修羅
惡心自調伏
수라계에 가게되면 악한마음 절로쉬며

我若向畜生
自得大智慧
축생계에 나게되면 큰지혜를 얻으리라

我若向	[나 아, 만약 약, 향할 향]
修羅	[아수라 수,라]
惡心	[포악할 악, 마음 심]
自調伏	[절로 자, 조복 받을 조,복]

我若向	[나 아, 만약 약, 향할 향]
畜生	[가축 축, 생명 생]
自得	[스스로 자, 얻을 득]
大智慧	[큰 대, 지혜로울 지,혜]

제5강 諸菩薩章

「제보살장」은 관음보살의 다른 이름을 들고 많은 보살 나아가 본사이신 아마타 부처님을 염송하는 단락이다.

① 대자대비 관세음보살 ② 대희대사 대세지보살은 보살행의 네 가지 한량없는 마음을 상징한다. ③ 자비 손길 천수보살은 천수천안에서 온 명호이다. ④ 한결같은 여의륜보살 ⑤ 진리의 길 대륜보살은 법을 굴리는 수레바퀴를 말한다. ⑥ 지혜의 빛 관자재보살은 관세음보살의 지혜에 따른 다른 명호이다.

⑦ 밝음의 길 정취보살 ⑧ 원만구족 만월보살 ⑨ 월인천강 수월보살 ⑩ 자비감로 군다리보살 ⑪ 응제중생 십일면보살 또한 각각 관세음보살의 덕에 따른 명호이다.
⑫ 원력무변 제대보살 ⑬ 본사이신 아미타 부처님을 마지막에 두어 因行과 佛果 모두를 아우르는 원만한 염불 명상으로 마감하였다.

①

南無 觀世音菩薩 摩訶薩
南無 大勢至菩薩 摩訶薩
대자대비 관세음보살 마하살을 염하오며
대희대사 대세지보살 마하살을 염하오며

南無 千手菩薩 摩訶薩
南無 如意輪菩薩 摩訶薩
자비손길 천수보살 마하살을 염하오며
한결같은 여의륜보살 마하살을 염하오며

南無觀世音 [나무, 보살이름 관세음]
菩薩摩訶薩 [보살마하살]
南無大勢至 [나무, 보살이름 대세지]
菩薩摩訶薩 [보살마하살]

南無千手 [나무, 일천 천, 손 수]
菩薩摩訶薩 [보살마하살]
南無如意輪 [나무, 같을 여, 뜻 의, 바퀴 륜]
菩薩摩訶薩 [보살마하살]

②

南無 大輪菩薩 摩訶薩
南無 觀自在菩薩 摩訶薩
진리의길 대륜보살 마하살을 염하오며
지혜의빛 관자재보살 마하살을 염하오며

南無 正趣菩薩 摩訶薩
南無 滿月菩薩 摩訶薩
밝음의길 정취보살 마하살을 염하오며
원만구족 만월보살 마하살을 염하오며

南無大輪 [나무, 큰 대, 바퀴 륜]
菩薩摩訶薩 [보살마하살]
南無觀自在 [나무, 보살이름 관자재]
菩薩摩訶薩 [보살마하살]

南無正趣 [나무, 바를 정, 취향 취]
菩薩摩訶薩 [보살마하살]
南無滿月 [나무, 가득할 만, 달 월]
菩薩摩訶薩 [보살마하살]

③

南無 水月菩薩 摩訶薩
南無 軍茶利菩薩 摩訶薩
월인천강 수월보살 마하살을 염하오며
자비감로 군다리보살 마하살을 염하오며

南無 十一面菩薩 摩訶薩
南無 諸大菩薩 摩訶薩
응제중생 십일면보살 마하살을 염하오며
원력무변 제대보살 마하살을 염하오며

南無水月	[나무, 물 수, 달 월]
菩薩摩訶薩	[보살마하살]
南無軍茶利	[나,무, 보살이름 군다리]
菩薩摩訶薩	[보살마하살]

南無十一面	[나무, 열 십, 한 일, 얼굴 면]
菩薩摩訶薩	[보살마하살]
南無諸大	[나무, 모두 제, 큰 대]
菩薩摩訶薩	[보살마하살]

南無 無量光 如來佛
광명이신 무량광불 마음모아 염하오며

南無 無量壽 如來佛
생명이신 무량수불 마음모아 염하오며

南無 本師 阿彌陀佛
본사이신 아미타불 일념으로 염합니다

南無無量光 [나무, 없을 무, 헤아릴 량, 빛 광]
如來佛 [여래불]

南無無量壽 [나무, 무량할 무량, 목숨 수]
如來佛 [여래불]

南無本師 [귀의할 나무, 근본 본, 스승 사]
阿彌陀佛 [부처님 이름 아미타불]

제6강 陀羅尼章

神妙章句 [신묘할 신,묘, 문장 문, 글귀 구]
大陀羅尼 [큰 대, 다라니 다,라,니]

「다라니장」은 천수경의 핵심이 되는 장이다. 앞에 5장은 다라니장을 두고 이루어진 발원이고, 그 발원은 본 장의 대다라니를 염송하는 공덕으로 이루게 되는 것이다.

'천수경 명상'은 자주 오래 듣고, 보고, 읽고, 쓰고 하면서 반복하여 마음자리에 글자 한 자 한 자가 또렷하게 기억되도록 하는 것이다. 명상은 되어지는 것이지 하려고 애쓴다고 되는 것이 아니다.

정작 애를 써야 하는 것은 듣고, 보고, 읽고, 쓰기를 반복하는 것이다. 천수경의 영험은 이런 과정에서 저절로 얻게 되는 보너스 같은 것이다. 신묘장구 대다라니 그 신묘한 영험이 분명 여기에 있다.

神妙章句 大陀羅尼
관음보살 대비원력 신묘장구 대다라니

나모 라다나 다라야야
나막알약 바로기제 새바라야 모지사다바야
마하사다바야 마하가로 니가야

옴 살바 바예수 다라나 가라야
다사명 나막 까리다바
이맘알약 바로기제 새바라 다바

니라간타 나막 하리나야 마발다 이사미
살발타 사다남 수반 아예염
살바 보다남 바바말아 미수다감

다냐타
옴 아로계 아로가 마지로가 지가란제
혜혜하례 마하모지 사다바

사마라 사마라 하리나야

구로구로 갈마 사다야 사다야
도로도로 미연제 마하미연제
다라다라 다린나례 새바라
자라자라 마라 미마라 아마라 몰제
예혜혜 로계 새바라

라아 미사미 나사야
나베사 미사미 나사야
모하자라 미사미 나사야

호로호로 마라호로 하례 바나마 나바
사라사라 시리시리 소로소로 못쟈못쟈
모다야 모다야 매다리야 니라간타

가마사 날사남 바라 하라나야 마낙 사바하
싯다야 사바하 마하 싯다야 사바하

싯다 유예 새바라야 사바하

니라간타야 사바하
바라하 목카 싱하 목카야 사바하
바나마 하다야 사바하
자가라 욕다야 사바하
상카 섭나네 모다나야 사바하

마하 라구타 다라야 사바하
바마사간타 니사 시제다
가릿나 이나야 사바하
먀가라 잘마이바 사나야 사바하

『나모 라다나 다라야야 나막알약 바로기제
새바라야 사바하』

제7강 道場章

「도량장」은 마음이 도량이고 그 도량이 청정하면 삼보님과 천룡신장이 머물게 된다.

① '사방찬 송'은 내 마음의 망상과 탐욕, 열뇌와 성냄을 알아차리고, 동남서북 사방에 물을 뿌리듯이 내려놓는 것이다.
일상생활 속에서 자주 읽고 쓰고 염송하면서 청결한 도량, 청량한 마음을 얻게 되면 있는 곳이 그대로 안락정토가 되고 마음은 편안하고 몸은 강녕하게 될 것이다.

② '도량게 송'은 마음 도량을 청정하게 하여 번뇌 티끌 줄어들면, 줄어드는 만큼 삼보 천룡께서 머물게 될 것이다.

③ '쇄수게 송'은 관음예문에 수록되어있는 게송으로 자주 오래 게송을 읽고 쓰고 염송하면서 관음보살의 가피를 손수 입게 되기를 바라는 마음으로 이 장에 수록하였다.

① 사방찬 송

一灑東方 潔道場
二灑南方 得淸凉
동방에는 망상버려 청결도량 이루오며
남방에는 열뇌씻어 끓는마음 청량하고

三灑西方 具淨土
四灑北方 永安康
서방에는 탐욕버려 안락정토 이루오며
북방에는 성냄씻어 영원토록 평안하리

一灑東方	[한 일, 물뿌릴 쇄, 동녘 동, 방위 방]
潔道場	[청결할 결, 도량 도, 장소 량]
二灑南方	[두 이, 물뿌릴 쇄, 남녘 남, 방위 방]
得淸凉	[얻을 득, 맑을 청, 서늘할 량]
三灑西方	[석 삼, 뿌릴 쇄, 서녘 서, 방위 방]
具淨土	[갖출 구, 깨끗할 정, 국토 토]
四灑北方	[넉 사, 뿌릴 쇄, 북녘 북, 방위 방]
永安康	[길 영, 편안할 안, 건강할 강]

② 도량게 송

道場淸淨 無瑕穢
三寶天龍 降此地
온도량이 깨끗하여 번뇌티끌 없사오니
삼보님과 성중님네 이도량에 나리소서

我今持誦 妙眞言
願賜慈悲 密加護
제가이제 묘한진언 지성으로 외우오니
자비감로 베푸시어 저의몸을 살피소서

道場淸淨 [도량 도,량, 청정할 청,정]
無瑕穢 [없을 무, 티 하, 더러울 예]
三寶天龍 [석 삼, 보배 보, 하늘 천, 용 용]
降此地 [나릴 강, 이 차, 땅 지]

我今持誦 [나 아, 이제 금, 지닐 지, 외울 송]
妙眞言 [묘할 묘, 참 진, 말씀 언]
願賜慈悲 [원할 원, 내릴 사, 자비 자,비]
密加護 [비밀 밀, 더할 가, 보호할 호]

③ 쇄수게 송

觀音菩薩 大醫王
甘露甁中 法水香
중생고뇌 건지시는 의왕이신 관음보살
감로병중 진리물결 청량하고 향기롭네

灑濯魔雲 生瑞氣
消除熱惱 獲淸凉
악의구름 씻어내고 상서기운 일으키며
더운열뇌 소제하고 청량한몸 얻게하네

觀音菩薩	[보살이름 관,음,보,살]
大醫王	[큰 대, 의사 의, 임금 왕]
甘露甁中	[달 감, 이슬 로, 병 병, 가운데 중]
法水香	[법 법, 물 수, 향기 향]
灑濯魔雲	[뿌릴 쇄, 씻을 탁, 악마 마, 구름 운]
生瑞氣	[생길 생, 상서로울 서, 기운 기]
消除熱惱	[끌 소, 제할 제, 뜨거울 열, 번뇌 뇌]
獲淸凉	[얻을 획, 맑을 청, 서늘할 량]

제8강 참회진언장

① '참회게 송' 예로부터 지은 모든 악업이 탐진치 삼독심으로 인하여 몸과 입과 뜻을 좇아 생긴 것이라는 사실을 받아들이고 참회하겠다는 게송이다.
② '참죄업장 십이존불' 열두 분의 부처님은 업장을 참회하는 의식에 증명이 되어주시는 부처님들이시다.

③ '십악참회' 몸과 입과 뜻으로 짓는 열 가지 죄업을 참회하는 내용이다.
④ '적집죄멸 송' 백 겁 동안 쌓은 죄일지라도 열두 분의 부처님을 증명으로 모시고 참회하면 일시에 소멸하여 다한다는 것이다.

⑤ '진참회송' 참회에는 몸으로 하는 참회가 있고 마음으로 하는 참회가 있는데 진참회송은 마음으로 하는 참회이다.
⑥ '참회진언' 의식의 완성은 진언에 있으며 염송에는 정해진 숫자가 따로 없다.

① 참회게 송

我昔所造 諸惡業
皆由無始 貪瞋癡
아득히먼 옛날부터 제가지은 모든악업
크고작은 많은허물 탐진치로 인하여서

從身口意 之所生
一切我今 皆懺悔
몸과입과 생각으로 지었음을 알았기에
제가이제 마음모아 지심참회 하나이다

我昔所造 [나 아, 옛 석, 바 소, 지을 조]
諸惡業 [모두 제, 나쁠 악, 업 업]
皆由無始 [다 개, 인할 유, 없을 무, 시작 시]
貪瞋癡 [탐할 탐, 성낼 진, 어리석을 치]

從身口意 [좇을 종, 몸 신, 입 구, 뜻 의]
之所生 [~하는 지, 바 소, 발생할 생]
一切我今 [한 일, 모두 체, 나 아, 지금 금]
皆懺悔 [다 개, 뉘우칠 참, 뉘우칠 회]

② 참제업장 십이존불

南無 懺除業障 寶勝藏佛
寶光王 火炎照佛
참제업장 보승장 부처님을 염하오며
보 광 왕 화염조 부처님을 염하오며

一切香火 自在力王佛
百億恒河沙 決定佛
일체향화 자재력왕 부처님을 염하오며
백억 항하사 결정 부처님을 염하오며

南無 [생각할 나,무]
懺除業障 [참회할 참, 제할 제, 업 업, 장애 애]
寶勝藏佛 [보배 보, 수승할 승, 장 장, 부처 불]

寶光王 [보배 보, 빛 광, 으뜸 왕]
火炎照佛 [불 화, 불꽃 염, 비출 조, 부처님 불]
百億恒河沙 [백억, 항상 항, 물 하, 모래 사]
決定佛 [결정할 결, 정할 정, 부처 불]

②

振威德佛
金剛堅强 消伏壞散佛
대위덕을 떨치시는 부처님을 염하오며
금강견강 소복괴산 부처님을 염하오며

普光月殿 妙音尊王佛
歡喜藏 摩尼寶積佛
보광월전 묘음존왕 부처님을 염하오며
환희장중 마니보적 부처님을 염하오며

振威德佛 [떨칠 진, 위엄 위, 덕 덕, 부처 불]
金剛堅强消 [금강, 견고 견, 강할 강, 끌 소]
伏壞散佛 [항복 항, 무너질 괴, 흩을 산, 불]

普光月殿 [넓을 보, 빛 광, 달 월, 궁전 전]
妙音尊王佛 [묘할 묘, 소리 음, 높을 존, 왕,불]
歡喜藏 [기쁠 환, 기쁠 희, 곳집 장]
摩尼寶積佛 [보석 마니, 보배 보, 쌓을 적, 불]

②

無盡香 勝王佛
獅子月佛

무진향의 승왕이신 부처님을 염하오며
원각산정 사 자 월 부처님을 염하오며

歡喜莊嚴 珠王佛
帝寶幢 摩尼勝光佛

환희장엄 주왕이신 부처님을 염하오며
제석보당 마니승광 부처님을 염합니다

無盡香 [없을 무, 다할 진, 향기 향]
勝王佛 [뛰어날 승, 임금 왕, 부처님 불]
獅子月佛 [사자 사,자, 달 월, 부처님 불]

歡喜莊嚴 [환희로울 환,희, 장엄할 장,엄]
珠王佛 [구슬 주, 으뜸 왕, 부처님 불]

帝寶幢 [제석천 제, 보배 보, 깃대 당]
摩尼勝光佛 [구슬 마니, 뛰어날 승, 빛 광, 불]

③ 십악참회

'참회의식'은 십선과 십악을 알아서 살아온 과거를 돌아보고 현재를 살피며 앞으로의 삶을 밝혀가는 무엇보다도 자발적으로 발심하고 참회하는 매우 중요한 불교의식이다.

'살생, 투도, 사음'은 몸으로 짓는 세 가지 악업으로 살생은 명을 줄이게 되고, 투도는 복을 감하게 되며, 사음은 병고를 초래하게 되는 것이다.

'망어, 기어, 양설, 악구'는 입으로 짓는 네 가지 악업으로 인생의 온갖 문제가 모두 구업에서 시작한다는 사실을 밝게 자각하고 늘 삼가야 할 일이다.

'탐애, 진에, 치암'은 본능에 속하는 세 가지 독[삼독심]을 말하는데, 탐애심은 보시로 다스리고, 진에심은 성내는 심리로 자비로 다스리며, 치암심은 지혜로 밝혀야 한다.

殺生重罪 今日懺悔
생각없이 살생한업 이제모두 참회하고

偸盜重罪 今日懺悔
남의물건 탐한허물 이제모두 참회하며

邪淫重罪 今日懺悔
삿된소행 행한업을 이제모두 참회하고

殺生重罪 [살생할 살,생, 무거울 중, 죄업 죄]
今日懺悔 [오늘 금,일, 뉘우칠 참, 뉘우칠 회]

偸盜重罪 [훔칠 투, 도적 도, 중할 중, 죄업 죄]
今日懺悔 [오늘 금,일, 뉘우칠 참, 뉘우칠 회]

邪淫重罪 [삿될 사/ 음란할 음/ 무거운 중,죄]
今日懺悔 [금일 금,일, 뉘우칠 참/뉘우칠 회]

妄語重罪 今日懺悔
綺語重罪 今日懺悔
거짓말로 지은업도 이제모두 참회하며
꾸며말한 그허물도 이제모두 참회하고

兩舌重罪 今日懺悔
惡口重罪 今日懺悔
이간질로 쌓은업도 이제모두 참회하며
악한말로 지은허물 이제모두 참회하고

妄語重罪 [거짓 망, 말씀 어, 중할 중, 죄 죄]
今日懺悔 [금일, 참회]
綺語重罪 [꾸밀 기, 말 어, 중할 중, 죄 죄]
今日懺悔 [금일, 참회]

兩舌重罪 [둘 양, 혀 설, 중할 중, 죄 죄]
今日懺悔 [금일, 참회]
惡口重罪 [악할 악, 입 구, 중할 중, 죄업 죄]
今日懺悔 [금일, 참회]

貪愛重罪 今日懺悔
탐욕심의 어리석음 이제모두 참회하며

瞋恚重罪 今日懺悔
생각없이 성낸업도 이제모두 참회하고

癡暗重罪 今日懺悔
어리석은 어둔마음 이제모두 참회하니

貪愛重罪 [탐할 탐, 아낄 애, 중죄]
今日懺悔 [금일, 참회]

瞋恚重罪 [성낼 진, 성낼 애, 중죄]
今日懺悔 [금일, 참회]

癡暗重罪 [어리석을 치, 어두울 암, 중죄]
今日懺悔 [금일, 참회]

④ 적집죄멸 송

百劫積集罪
一念頓蕩除
오랜세월 쌓은업장 한순간에 사라져서

如火焚枯草
滅盡無有餘
마른풀을 태우듯이 흔적없이 소멸하네

百劫	[일백 백, 겁 겁]
積集罪	[쌓을 적, 모을 집, 죄업 죄]
一念	[한 일, 생각 념]
頓蕩除	[몰록 돈, 소탕할 탕, 없앨 제]
如火	[같을 여, 불 화]
焚枯草	[태울 분, 마를 고, 풀 초]
滅盡	[멸할 멸, 다할 진]
無有餘	[없을 무, 있을 유, 남을 여]

⑤ 진참회 송

罪無自性 從心起
心若滅時 罪亦亡
죄의자성 본래없어 마음좇아 일어난것
마음마저 놓고보면 죄업역시 사라지리

罪亡心滅 兩俱空
是則名爲 眞懺悔
죄도없고 마음놓아 청정하게 비워지면
이와같은 참회라야 진참회라 하나니라

罪無自性 [죄 죄, 없을 무, 자체 자, 본성 성]
從心起 [좇을 종, 마음 심, 일어날 기]
心若滅時 [마음 심, 만약 약, 소멸할 멸, 때 시]
罪亦亡 [죄업 죄, 역시 역, 없어질 망]

罪亡心滅 [죄 죄, 없어질 망, 마음 심, 멸할 멸]
兩俱空 [둘 양, 함께 구, 빌 공]
是則名爲 [이 시, 말이를 즉, 이름할 명, 할 위]
眞懺悔 [참 진, 참회할 참, 뉘우칠 회]

懺悔眞言
제가이제 일념으로 참회하는 진언이라

옴 살바 못자 모지 사다야 사바하

懺悔眞言 [참회할 참, 뉘우칠 회, 참 진, 말씀 언]

천수경을 크게 셋으로 나누는데, ① 신묘장구대다라니 ② '참회진언', ③ '준제진언'이 그것이다. 부처님 가르침은 몸과 마음을 정화하여 몸으로는 건강하게 마음으로는 평안하게 하는데 그 의미가 있다.

① '신묘장구 대다라니'는 마음을 정화하고 ② '참회진언'은 몸을 정화하며 ③ '준제진언'은 깨달음을 이루어 세상을 정화하고 중생과 함께 불도를 이루는 것이다.

懺悔眞言
제가이제 일념으로 참회하는 진언이라

『옴 살바 못자 모지 사다야 사바하』

懺悔眞言 [참회할 참,회, 참 진, 말씀 언]

『천수경』을 크게 셋으로 나누는데, ① '신묘장구대다라니' ② '참회진언' ③ '준제진언'이 그것이다. 부처님 가르침은 몸과 마음을 정화하여 몸으로는 건강하게 마음으로는 평안하게 하는데 그 의미가 있다.

① '신묘장구 대다라니'는 마음을 정화하고 ② '참회진언'은 몸을 정화하며 ③ '준제진언'은 깨달음을 이루어 세상을 장엄하고 중생과 함께 불도를 이루는 것이다.

제9강 准提眞言章

「준제진언장」은 칠 구지의 불모이신 대준제보살의 중생을 위한 진언으로 ① 전송 ② 중간에 세 진언 ③ 준제진언 ④ 후송으로 이루어져 있다.

① '전송'은 본 진언을 염송하기 전에 앞에 올리는 게송으로 진언의 공덕을 담고 있다.
② '중간에 세 진언'은 정법계진언, 호신진언, 관음보살 육자대명왕 진언으로 엄밀히 준제진언에 속하지 않지만, 중간에 두어 함께 염송하고 있다.

③ '준제진언' 본 장에 핵심 진언으로 선정 지혜의 마음을 밝히고 중생과 함께 불도를 이루는 공덕을 가지고 있다.
④ '후송'은 본 진언을 염송하고 관음보살께 올리는 일종의 발원문으로 준제진언 염송기도를 올리는 불자가 성취하는 가피와 공덕이 담긴 게송이다.

제9장 准提眞言章

「준제진언장」은 칠 구지의 불모이신 대준제보살의 중생을 위한 지원으로 ① 정송 ② 중간에 세 진언 ③ 준제진언 ④ 후송으로 이루어져 있다.

① '정송'은 본 진언을 염송하기 전에 앞에 올리는 게송으로 진언의 공덕을 담고 있다.

② '중간에 세 진언'은 정법계진언, 호신진언, 관음보살 육자대명왕 진언으로 엄밀히 준제진언에 속하지 않지만, 중간에 두어 함께 염송하고 있다.

③ '준제진언'은 본 진언에 해당 진언으로 칠억 지혜의 마음을 밝히고 중생과 함께 불도를 이루는 공덕을 가지고 있다.

④ '후송'은 본 진언을 염송하고 관음보살께 올리는 일종의 발원문으로 준제진언 염송기도를 올리는 불자가 성취하는 가피와 공덕이 담긴 게송이다.

① 준제진언 전송

准提功德聚
寂靜心常誦
준제주의 크신공덕 일념으로 외우오면

一切諸大難
無能侵是人
모든재난 어려운일 침노하지 못하리라

准提	[보살이름 준, 제]
功德聚	[힘쓸 공, 덕 덕, 무더기 취]
寂靜	[고요 적, 고요할 정]
心常誦	[마음 심, 항상 상, 욀 송]

一切	[일체]
諸大難	[모든 제, 큰 대, 어려울 난]
無能	[없을 무, 무능할 능]
侵是人	[범할 침, 이 시, 인]

①

天上及人間
受福如佛等
천상이나 인간에서 부처님복 받으리니

遇此如意珠
定獲無等等
이여의주 만난이는 무등정각 이루리라

天上 [하늘 천, 위 상]
及人間 [~과 급, 사람 인, 인간 간]
受福 [받을 수, 복 복]
如佛等 [같을 여, 부처님 불, 같을 등]

遇此 [만날 우, 이 차]
如意珠 [같을 여, 뜻 의, 구슬 주]
定獲 [결정코 정, 얻을 획]
無等等 [없을 무, 같을 등, 동등할 등]

南無 七俱胝 佛母 大准提菩薩

칠구지의 불모이신 대준제를 염합니다

淨法界眞言

일심법계 청정으로 장엄하는 진언이라

『옴 남』

南無	[생각할 나,무]
七俱胝佛母	[일곱 칠, 숫자 구지, 불, 어미 모]
大准提	[보살이름 대,준,제]
菩薩	[보살]

淨法界	[정화할 정, 법 법, 세계 계]
眞言	[진언]

②

護身眞言

정법지닌 저의몸을 보호하는 진언이라

『옴 치림』

觀世音菩薩 本心微妙

六字 大明王眞言

관세음보살 본심미묘 육자대명왕 진언

『옴 마니 반메 훔』

護身眞言	[보호할 호, 몸 신, 진언]
觀世音菩薩	[관세음보살]
本心微妙	[근본 본, 마음 심, 미묘할 미,묘]
六字	[여섯 육, 글자 자]
大明王	[큰 대, 밝을 명, 으뜸 왕]
眞言	[진실할 진, 말씀 언]

③ 준제진언과

准提眞言

준제보살 자비원력 중생위한 진언이라

『나무 사다남 삼먁 삼몯다 구치남 다냐타
옴 자례주례 준제 사바하 부림』

准提眞言 [보살이름 준,제, 진실할 진, 말씀 언]

전송의 '天上及人間 受福如佛等 遇此如意珠 定獲無等等'[63쪽] 이러한 공덕을 이루는 본 진언이 바로 준제진언이다.

진언의 말미에 '부림'할 때 그 부림으로 법명을 얻은 스님이 계시는데 지금도 어느 스님하면 다 알만한 큰스님이시다.
준제진언 염송 정진으로 무한 공덕을 이루신 인연으로 '부림'이라는 법명을 얻게 된 것이다. 정진의 공덕이 어찌 헛되겠는가?

④ 후송

我今持誦 大准提
卽發菩提 廣大願
제가이제 대준제를 지성으로 외우오며
크고넓은 보리심의 광대한원 세우나니

願我定慧 速圓明
願我功德 皆成就
선정지혜 밝은마음 어서속히 드러나고
제가닦은 선근공덕 모두어서 성취되며

我今持誦 [나 아, 이제 금, 가질 지, 독송할 송]
大准提 [큰 대, 보살이름 준, 제]
卽發菩提 [바로 즉, 발할 발, 깨달음 보, 리]
廣大願 [넓을 광, 큰 대, 원할 원]

④ 후송 2

願我勝福 遍莊嚴
願共衆生 成佛道
수승한복 두루닦아 온세상을 장엄하여
중생들과 모두같이 무상불도 이뤄지다

願我定慧	[원할 원, 나 아, 선정 정, 지혜 혜]
速圓明	[빠를 속, 뚜렷할 원, 밝을 명]
願我功德	[원할 원, 나 아, 쌓을 공, 덕 덕]
皆成就	[다 개, 이룰 성, 이룰 취]

願我勝福	[원할 원, 나 아, 뛰어날 승, 복 복]
遍莊嚴	[두루할 변, 꾸밀 장, 장엄할 엄]
願共衆生	[원할 원, 함께 공, 뭇 중, 생명 생]
成佛道	[이룰 성, 부처님 불, 부처님도 도]

제10강 十大願章

『천수경』을 듣고, 보고, 쓰고, 염송하며 정진하는 불자라면 늘 발원해야 할 열 가지 큰 서원이다.

① 인연 있는 모든 이들이 지옥, 아귀, 축생 삼악도에서 영원히 벗어나길 발원합니다.
② 삼악도의 원인이 탐,진,치 삼독심에 있음을 알고 어서 빨리 끊기를 발원합니다.

③ 삼악도에서 벗어나는 길은 삼독심을 끊는 길이라는 지혜의 가르침을 주신 불,법,승 삼보님을 언제나 늘 가까이하며 법문 듣기를 발원합니다.

④ 삼독심을 끊는 가장 온전한 길은 계,정,혜 삼학을 행하는 것임을 알아차리고 부지런히 힘써 닦기를 발원합니다.
⑤ 부처님의 고귀한 가르침을 항상 따르기를 마음 새겨 발원합니다.

⑥ 삼악도에서 벗어나길, 삼독심을 끊어내길, 삼보님을 언제나 가까이하며, 계,정,혜 삼학을 부지런히 닦기를, 모든 부처님의 학문을 언제나 따르기를 다짐하고 다짐하는 보리의 마음에서 물러나지 않기를 발원합니다.

⑦ 아미타 부처님이 상주하시는 극락정토 안양세계에 결정코 태어나기를 발원합니다.

⑧ 극락정토 안양국에 상주하시는 광명이신 무량광 부처님, 생명이신 무량수 부처님, 본사이신 아미타 부처님을 어서 빨리 뵙기를 마음 새겨 발원합니다.

⑨ 이내 몸이 부처님 되어 먼지 같은 나라 나라마다 빠짐없이 몸을 나누어 태어나기를 발원합니다.

⑩ 그리하여 구경에는 인연 있는 중생들을 남김없이 제도하기를 마음 새겨 발원합니다.

'나무관세음보살,

나무관세음보살'

如來十大 發願文
여래향한 천수행자 열가지의 대원이라

번뇌를 끊으오리다

願我永離 三惡道
願我速斷 貪瞋癡
제가이제 삼악도를 벗어나길 원하오니
탐진치의 삼독번뇌 어서끊게 하사이다

如來十大　[부처님 여,래, 열 십, 큰 대]
發願文　[발할 발, 원할 원, 글 문]

願我永離　[원할 원, 나 아, 길 영, 벗어날 리]
三惡道　[석 삼, 나쁠 악, 갈래 도]

願我速斷　[원할 원, 나 아, 빠를 속, 끊을 단]
貪瞋癡　[탐할 탐, 성낼 진, 어리석을 치]

願我常聞 佛法僧
願我勤修 戒定慧
제가이제 삼보님을 항상뵙고 따르오니
계정혜의 해탈법문 힘써닦게 하시오며

願我恒隨 諸佛學
願我不退 菩提心
제가이제 제불학을 항상따라 배우오니
보리심의 굳은마음 물러나지 아니하고

願我常聞 [원할 원, 나 아, 항상 상, 들을 문]
佛法僧 [부처님 불, 가르침 법, 스님 승]
願我勤修 [원할 원, 나 아, 부지런할 근, 닦을 수]
戒定慧 [계 계, 정할 정, 지혜 혜]

願我恒隨 [원할 원, 나 아, 항상 항, 따를 수]
諸佛學 [모두 제, 부처님 불, 배울 학]
願我不退 [원할 원, 나 아, 아니 불, 물러날 퇴]
菩提心 [깨달음 보, 리, 마음 심]

願我常聞 佛法僧
願我勤修 戒定慧
제가이제 삼보님을 항상뵙고 따르오니
계정혜의 해탈법문 힘써닦게 하사오며

願我恒隨 諸佛學
願我不退 菩提心
제가이제 제불학을 항상따라 배우오니
보리심의 굳은마음 물러나지 아니하고

願我常聞	[원할 원, 나 아, 항상 상, 들을 문]
佛法僧	[부처님 불, 가르침 법, 스님 승]
願我勤修	[원 원, 나 아, 부지런할 근, 닦을 수]
戒定慧	[지계 계, 선정 정, 지혜 혜]

願我恒隨	[원할 원, 나 아, 항상 항, 따를 수]
諸佛學	[모두 제, 부처님 불, 배울 학]
願我不退	[원할 원, 나 아, 아니 불, 물러날 퇴]
菩提心	[깨달음 보,리, 마음 심]

願我決定 生安養
願我速見 阿彌陀
제가이제 틀림없이 안양국에 태어나서
아미타불 친견하고 성불하게 하사오며

願我決定 [원할 원, 나 아, 결정코 결, 결정 정]
生安養 [태어날 생, 극락세계 안,양]

願我速見 [원할 원, 나 아, 빠를 속, 친견할 견]
阿彌陀 [부처님 이름 아,미,타]

願我分身 遍塵刹
願我廣度 諸衆生
제가이제 찰진세계 두루몸을 나투어서
고해중생 빠짐없이 제도하게 하사이다

願我分身 [원할 원, 나 아, 나눌 분, 몸 신]
遍塵刹 [두루할 변, 먼지 진, 나라 찰]

願我廣度 [원할 원, 나 아, 넓을 광, 제도할 도]
諸衆生 [모두 제, 많을 중, 생명 생]

제11강 四弘誓願章

부처님의 가르침은 자비와 지혜 그리고 원력을 가지고 보리를 이루어 적멸낙에 머물며 중생을 위한 삶을 사는 것으로 보살의 길을 가는 것이다.

보살은 많은 서원을 다짐하게 되는데, 십원장과 육향장이 그렇고 십대원장 등 여러 가지 서원, 발원문이 있다.

결국, 많은 발원 또는 서원은 네 가지 크고 넓은 원으로 모이는데, 사홍서원이 바로 그것이다.
① 중생이 아무리 많고 많아 끝이 없다 해도 생을 거듭해서라도 끝내 제도하리라는 이타의 큰 원을 발하는 것이다.

② 중생을 제도한다는 것은 중생의 번뇌를 없애는 데 있으므로 제아무리 많아도 맹세코 끊겠다는 으뜸가는 원을 발하는 것이다.

제11장 四弘誓願章

부처님의 가르침은 자비와 지혜 그리고 원력을 가지고 보리를 이루어 저 언덕에 이르며 중생을 위한 삶을 사는 것으로 보살의 길을 가는 것이다.

보살은 많은 서원을 다짐하게 되는데, 신경과 수행장이 그렇고 십대원상 등 여러 가지 서원, 발원문이 있다.

결국, 많은 발원 또는 서원은 네 가지 크고 넓은 원으로 모아지는데, 사홍서원이 바로 그것이다.

① 중생이 아무리 많고 많아 끝이 없다 해도 생을 거듭해서라도 끝내 제도하리라는 이타의 큰 원을 말하는 것이다.

② 중생을 제도한다는 것은 중생의 번뇌를 없애는 데 있으므로 제아무리 많아도 맹세코 끊겠다는 으뜸가는 원을 말하는 것이다.

③ 중생을 제도하기 위해서는 중생의 번뇌를 끊어야 하는데, 그러자면 팔만사천의 부처님 법문을 배워야 한다. 법문이 한량없이 많고 많아도 세세생생 날 적마다 모두 다 배우리라는 세상에서 제일가는 원을 발하는 것이다.

④ 부처님의 도가 위없이 높을지라도 언젠가는 반드시 이루고야 말겠다는 최고 최상의 큰 원을 발하는 것이다.

①과 ②는 세상의 중생을 제도하겠다는 발원이고 ③과 ④는 자신이 그런 그릇이 될 수 있도록 정진하겠다는 발원이다.

'자각을 위한 서원'은 한 번 더 깊게 새기고 자성의 중생, 번뇌, 법문, 구경에는 자성에 잠재된 부처님을 기필코 발현하리라는 원을 가지고 기도정진 하겠다는 천수 행자의 마음에 새긴 다짐이다.

發四弘誓願
보살도의 삶을향한 네가지의 서원이라

發　　　　[발원할 발]
四弘誓願　[넉 사, 맹서할 서, 원 원]

불교는 자비와 지혜, 원력으로 깨어있는 자발적 삶을 요구하는 가르침이다. 나를 구원하고 나를 제도할 자는 누구도 아닌 바로 나라는 자각이 필요하다.

맛난 음식도 내가 먹어야 그 맛을 알고, 예쁜 옷도 내가 입어야 멋이 나듯이 배고프면 챙겨 먹고, 목마르면 물 마시고 피곤하면 쉬고, 졸리면 내가 자는 것이다.

머리로 하는 생각을 알아차리고, 입으로 하는 말을 살피고, 몸으로 하는 행동을 관찰하라. 내 삶의 모든 문제와 해답이 그 안에 있을 것이다. 살피고 또 살펴야 한다.

중생을 위한 서원

衆生無邊 誓願度

煩惱無盡 誓願斷

고해중생 많다해도 원을세워 제도하고

끝이없는 번뇌라도 원을세워 끊으오며

法門無量 誓願學

佛道無上 誓願成

팔만장경 대법문을 원을세워 다배우고

부처님도 최고진리 원을세워 이루리라

衆生無邊	[제도해야 할 중생, 없을 무, 끝 변]
誓願度	[맹세코 서, 원할 원, 제도할 도]
煩惱無盡	[끊어야 할 번뇌, 없을 무, 다할 진]
誓願斷	[다짐할 서, 원할 원, 끊을 단]

法門無量	[배워야 할 법문, 없을 무, 량 량]
誓願學	[맹세할 서, 원할 원, 배울 학]
佛道無上	[이뤄야 할 불도, 없을 무, 위 상]
誓願成	[다짐할 서, 원할 원, 이룰 성]

自性衆生 誓願度
自性煩惱 誓願斷
제맘속의 중생심을 우선먼저 제도하고
제맘속의 온갖번뇌 우선먼저 끊으오며

自性法門 誓願學
自性佛道 誓願成
제맘속의 무진법문 우선먼저 배우오며
제맘속의 부처님을 속히친견 하오리다

自性衆生 [자기 자, 본성 성, 건져야 할 중생]
誓願度 [맹세코 서, 원할 원, 제도할 도]
自性煩惱 [자기 자, 본성 성, 끊어야 할 번뇌]
誓願斷 [다짐할 서, 원할 원, 끊을 단]

自性法門 [자기 자, 본성 성, 배워야 할 법문]
誓願學 [다짐할 서, 원할 원, 배울 학]
自性佛道 [자기 자, 본성 성, 이뤄야 할 불도]
誓願成 [맹세코 서, 원할 원, 이룰 성]

제12강 三歸依章

① 나는 이제 부처님 발아래 엎드려 절하고 언제 어디서나 부처님과 함께하겠습니다.

② 나는 이제 부처님 가르침에 의지하고 내 자신을 지혜롭게 하겠습니다.

③ 나는 이제 부처님 모임에 참여하고 내 자신을 자비롭게 하겠습니다.

① 부처님은 자비의 광명이니 부처님께 돌아와 합장 공경하고, ② 부처님 가르침은 진리의 광명이니 부처님 가르침에 돌아와 의지하며, ③ 부처님 가르침을 따르는 승단은 청정 광명이어야 하나니 그 광명에 동참해야 한다.

매일매일을 오늘같이 천수경을 듣고, 보고, 읽고, 쓰고, 명상하면 불자가 바라는 모든 서원이 다 원만 성취될 것이다.

發願已 歸命禮三寶
원을발해 마치고서 삼보님을 염하오니

南無常住 十方佛
시방삼세 충만하신 자비불보 염하오며

南無常住 十方法
진여법계 가득하신 지혜법보 염하오며

南無常住 十方僧
시방세계 두루하신 청정승보 염합니다

發願已歸 [발원할 발, 원, 마칠 이, 돌아갈 귀]
命禮三寶 [생명 명, 예올릴 예, 석 삼, 보배 보]
南無常住 [생각할 나무, 항상 상, 머물 주]
十方佛 [온 공간 시방, 자비로울 불]

南無常住 [마음모을 나무, 항상 상, 머물 주]
十方法 [온 공간 시방, 지혜로울 법]
南無常住 [귀의할 나무, 항상 상, 머물 주]
十方僧 [온 세계 시방, 청정할 승]

자비 축원문

강물이 흘러서 바다에 이르듯
기운달이 차서 둥근달이 되듯
이와 같은 나의 수행 공덕으로

나의 가족과 나의 도반들이
슬픔과 원망, 집착에서 벗어나
기쁨과 행복을 누리기를 기원합니다.

이 시대를 살아가는 모든 이웃이
탐욕과 성냄, 어리석음에서 벗어나
기쁨과 행복을 누리기를 기원합니다.

강물이 흘러서 바다에 이르듯
기운달이 차서 둥근달이 되듯
이와 같은 나의 수행 공덕으로

살아있는 모든 생명이
고통과 원한, 불안에서 벗어나
평화와 행복을 누리기를 기원합니다.

천수천안

무릎을 꿇고
두 손바닥을 모아
천수천안 관세음보살 앞에 빌며 아룁니다.

천 개의 손과 천 개의 눈 중에서 하나를
내놓아, 하나를 덜어 둘 다 없는 몸이오니
하나만 그윽이 고쳐 주옵소서.

아아!
나에게 그 덕을 끼쳐 주신다면
베풀어주시는 자비는 얼마나 큰 것입니까?

이 향가는 신라 경덕왕 때 한기리 지역 사람 희명이라는 한 여인의 간절할 소원이 담긴 발원문이다. 희명에게는 태어난 지 다섯 해 만에 갑자기 눈이 먼 아이가 있었는데, 그녀는 그 아이를 위해 분황사 천수천안 관세음보살 앞에서 아이의 눈을 뜨게 해달라고 간절한 마음으로 기도한다.

나는 왜 사는가

사람 몸 받기 어렵고 사람으로 태어나서도 부처님 법 만나기가 무엇보다 어렵다 한다. 참으로 얻기 어려운 귀한 몸을 얻었고, 백천만 겁에도 만나기 어려운 부처님 법을 만나 불,법,승 삼보를 믿고 받들며 기도 정진하며 공부하는 이를 불자라고 한다.

내가 진정 참다운 불자라면 다음과 같은 질문에 자신 있게 답을 할 줄 알아야 한다. 나는 왜 사는가? 나는 무엇으로 사는가? 나는 어떻게 살 것인가? 가 그것이다.

나는 부처님 법을 받들고 공부하기 위해서 살고, 나는 마음을 가지고 머리로 생각을 하고 입으로 말을 하며 몸으로 행동을 하면서 산다. 그리고 탐,진,치 삼독심을 알아차리고 계,정,혜 삼학을 배우고 실천하며, 불도를 이루어 인연 있는 이들을 위해서 언제 어디서나 공덕을 지으며 살아야 한다.

아무리 좋은 소리가 나는 악기라도 불거나 치지 않으면 절대로 소리가 날 수 없으며, 아무리 맛있는 음식이라도 수저로 입 안에 집어넣어야 그 맛을 알 수 있듯이 아무리 훌륭한 법이라도 누군가 권하는 사람이 없다면 그 공덕을 이룰 수가 없다.

정법은 멀고 불자의 발심을 방해하는 유혹은 지천에 도사리고 있다. 이 시대에 불자가 해야 할 일이 무엇인지? 나는 왜 살며 나는 무엇으로 살며 나는 어떻게 살 것인가? 그 명제를 생각하며, 한 걸음 한 걸음 밝은 삶을 향하여 나아가야 한다.

40년, 30년, 20년 깊은 인연으로 부처님 법을 받들며 이어온 불자들에게 한결같은 고마운 마음으로 이 법공양을 올리는 바이다.

癸卯年 7월

퇴촌 약산사 준수 화남

화장찰해 선 불 장

불교 한자학습 교재

미래는 과거다/ 십심우송 강화

법성의 노래/ 법성게 강화

공성의 미학/ 반야심경 역해

순치황제 출가시 주해

자경문 야운 송 주해

무상계 과해

천수경 과해

적멸의 행복/ 대열반송 및 사구게 주해

특별한 명상/ 화엄경 약찬게

마음 이야기/ 신심명 직설

수행 이야기/ 발심수행장

출가 이야기/ 자은법사 출가잠

초심 지킴이/ 천태원법사 자계

세 가지 행위/ 나는 무엇으로 사는가

세 가지 지혜/ 금강경 위대한 명상

세 가지 보물/ 염불명상 외

천수경 과해

번역 및 주해 태안당 준수 스님

펴낸곳 도서출판 도반
펴낸이 김광호
편집 김광호, 이상미, 최명숙
대표전화 031-983-1285
홈페이지 http://dobanbooks.co.kr
이메일 dobanbooks@naver.com
주소 경기도 김포시 고촌읍 신곡리 1168번지